AF314532

CÉPHALE
ET
PROCRIS,
BALLET-HÉROIQUE,
REPRÉSENTÉ
POUR LA PREMIÈRE FOIS
PAR L'ACADÉMIE ROYALE
DE MUSIQUE,
Le 2 Mai 1775.
Et remis au Théâtre le Mardi 29 Avril 1777.

PRIX XXX SOLS.

A PARIS,

Chés DE LORMEL, Imprimeur de ladite Académie, rue du Foin,
à l'Image Sainte Genevieve.

On trouvera des Exemplaires du Poeme à la Salle de l'Opera.

M. DCC. LXXVII.
AVEC APPROBATION ET PRIVILEGE DU ROI.

Les paroles font de **M. Marmontel**, de l'Académie Françoise.

La Musique est de **M. Gretry**.

PRÉFACE.

LE plus beau de tous les Spectacles pour les yeux, de l'aveu de l'Europe entiere, est celui de l'Opéra François, & il sera de même, si on le veut bien, le plus ravissant pour l'oreille. Notre Poëme Lyrique, tel que le génie de Quinault l'a conçu, est pour la Musique une source de beautés plus féconde que le Poëme Lyrique Italien, parce qu'en même temps qu'il est susceptible des mouvements les plus passionnés, des tableaux les plus pathétiques, il oppose à ces couleurs sombres, des contrastes d'une variété & d'une richesse inépuisable; au lieu que la Tragédie, dénuée du merveilleux, & dans son austere simplicité, ne présente presque jamais, qu'un fonds triste, & peu favorable à ce mélange de couleurs, qui fait le charme de la Musique.

Pour sentir combien le systême du merveilleux peut donner plus d'essor & à la mélodie & à l'harmonie, que l'on suppose l'Auteur d'Armide environné de Musiciens, tels que Métastase en a eu; qu'on le suppose instruit des moyens de leur art pour animer le Dialogue, dessiner & arrondir le chant, donner à la déclamation plus de chaleur & d'énergie dans le Récit accompagné; qu'on le suppose, travaillant de concert avec un *Porpora*, un *Pergolese*, un *Galuppi*, un *Jumelli*; c'est alors qu'on aura l'idée du plus sublime accord entre la poésie de la parole & celle du chant, & des effets prodigieux que cet ensemble doit produire.

Le malheur de l'Opéra François, a été qu'un Poëte doué d'une imagination si belle, d'un coloris si pur & si brillant, d'un style si mélodieux, si élégant, si naturel, & quand il le falloit si élevé, si énergique, toujours au ton de son sujet, & à la hauteur même du merveilleux qu'il a introduit dans ses fables, que ce Poëte, dis-je, n'ait pas eu, dans son tems, des Musiciens dignes de lui. Ce n'est pas que Lulli ne fut alors ce qu'il pouvoit être avec du génie & du goût; mais son art étoit dans l'enfance, tandis que celui de son Poëte avoit acquis toute sa force & toute sa maturité.

Ce malheur ne sera réparé, s'il peut jamais l'être, que lorsqu'il se rencontrera un Poëte assez désintéressé, assez courageux, assez habile, pour travailler & réussir à rendre les Poëmes de Quinault susceptibles des nouvelles beautés dont la Musique s'est enrichie, sans leur faire perdre, du côté de la Scêne, les beautés encore plus précieuses qui les distingueront toujours. (1)

En attendant, on fera des essais très-inférieurs, sans doute, à ces chef-d'œuvres; mais ces essais auront le mérite de favoriser la Musique, & d'en développer les ressources & les trésors. Celui-ci, donné aux fêtes de la Cour en 1773, est l'un des premiers où l'on ait entrepris de concilier le merveilleux & le spectacle de l'Opéra François, avec la coupe des Airs, des Duo, du Récitatif obligé, & des emsembles à l'Italienne; & à titre d'essai, il obtiendra peut-être l'indulgence que l'on accorde aux nouveautés qui ont pour objet d'étendre la sphere des arts.

C'est du 7.e Livre des Méthamorphoses d'Ovide qu'est pris le sujet de ce Poëme. Voici comment Céphale y raconte lui-même son aventure.

Deux mois n'étoient pas écoulés depuis mon hymen avec Procris, lorsque du sommet de l'Himette *, qui est toujours

* Mon-tagne de l'Attique.

---

(1) Ce travail que je proposois il y a quelques années, à l'émulation des Gens de Lettres, leur ayant paru trop ingrat, il a fallu m'en charger moi-même; & je l'ai fait, en prévoyant tous les désagrémens qu'il pouvoit m'attirer.

couronné de fleurs, l'Aurore ayant diſſipé les ombres, m'apperçut chaſſant dans les bois, & m'enleva. (Qu'il me ſoit permis de dire la vérité, ſans offenſer la Déeſſe.) Quoique ſon teint ait l'éclat des roſes, quoiqu'elle regne ſur les confins de la nuit & du jour, & qu'elle s'abreuve de nectar, j'aimois Procris ; Procris étoit ſans ceſſe dans mon cœur, & ſon nom ſur mes levres. La Déeſſe eut pitié de moi. » Ceſſe, me » dit-elle, ingrat, ceſſe tes plaintes, va retrouver Procris. » Mais ſi mes preſſentimens ne ſont pas vains, tu ſouhai- » teras de ne l'avoir jamais revue ; & dans ſa colere elle me » renvoya. . . . .

Je faiſois le bonheur de ma femme, elle faiſoit le mien. Uniquement occupés du ſoin de nous plaire & de nous aimer, Procris n'eut pas préféré le lit de Jupiter au lit de ſon époux ; Vénus même, avec tous ſes charmes, eut-elle voulu me ſéduire, j'aurois réſiſté à Vénus. Nos cœurs brûloient des mêmes feux. . . . .

Dès que le ſoleil éclairoit les montagnes, l'ardeur de la jeuneſſe & l'amour de la chaſſe me faiſoient voler dans les bois. . . . . J'avois pour arme un javelot qui ne partoit jamais en vain ; mais lorſque j'étois las de le tremper dans le ſang des bêtes ſauvages, je cherchois la fraîcheur de l'ombre, & j'appellois à moi Aura, ce vent léger qui s'élevoit des humides valons. C'étoit la douce Aura que j'implorois au milieu de l'ardeur du jour ; elle étoit mon délaſſement, après une courſe pénible ; & dans mes chants, il m'en ſouvient encore, *Viens*, lui diſois-je, Aura, *viens dans mon ſein, me ſoulager, calmer, comme tu fais ſi bien, l'ardeur du feu qui me conſume.* Peut-être même ajoutois-je quelques mots plus doux & plus tendres ; car j'étois entraîné par mon mauvais deſtin. Il m'arrivoit quelquefois de lui dire : *Tu es pour moi la volupté même ; tu me ranimes, tu m'en-*

chantes, tu me fais chérir les bois & leur ombrage solitaire ; c'est ton souffle délicieux que ma bouche y vient respirer.

Quelqu'un entendit ces paroles, & son oreille y fut trompée : il prit le nom d'Aura, tant de fois répété, pour le nom de quelque Nymphe dont j'étois amoureux, & alla le dire à Procris.

L'amour est naturellement crédule. Procris, à ce récit, tomba évanouie ; & lorsqu'elle eut reprit ses sens, elle s'écria, qu'elle étoit la plus malheureuse des femmes...... Cependant elle se flatte encore qu'on a pu la tromper, ou se tromper soi-même : l'indice qu'on lui a donné ne lui suffit pas ; elle veut, par ses yeux, s'assurer de mon crime.

Le lendemain, les rayons de l'Aurore avoient à peine effacé les étoiles ; je sors & je vais dans les bois. Après ma chasse, je reviens me reposer triomphant à l'ombrage ; & couché sur un gason frais, *Viens*, dis-je, Aura, *Viens me délasser, me faire oublier mes travaux.* Alors je ne sai quels gémissemens se mêlerent à mes paroles ; mais je ne laissai pas de répéter, *Viens donc, viens mon aimable* Aura. Dans l'instant même un bruit léger se fit entendre à travers le feuillage ; je crus que c'étoit quelque bête féroce, & je lançai mon javelot. C'étoit Procris, *&c.*

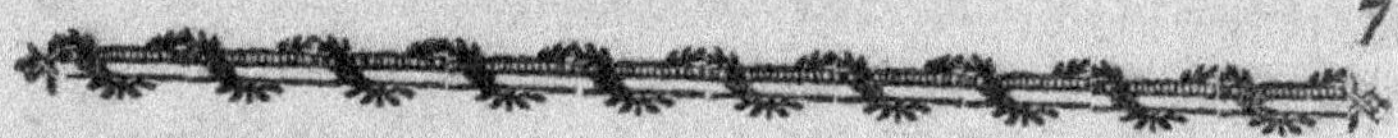

ACTEURS ET ACTRICES
CHANTANTS DANS LES CHŒURS.

CÔTÉ DU ROI.		CÔTÉ DE LA REINE.	
Mesdemoiselles.	*Messieurs.*	*Mesdemoiselles.*	*Messieurs.*
Veron.	Cailteau.	d'Agée.	Candeille.
d'Hautrive.	Héri.	des Rosières.	Tourcati.
Dubuisson.	Lagier.	Chenais.	Ghuiot.
	Martin.		Capoi.
Dussée.	le Grand.	de Merei.	Larlat.
Garrus.	Lemelle.	Châteauvieux	Poussez.
Rouxelin.	Vattelin.	Constance.	Lhôte.
	Boi.		Méon.
Sanctus.	Jouve.	Laurence.	Cleret.
Prévot.	Huet.	Perinot.	Parent.
	Moulin.		Jalaguier.
St. Aubin.	Itasse.	Lamboley.	Bayon.
		Isidore.	de Lori.
Gervillier.	Tacusset.		Fagnan.
	Bouvard.		Joinville.

ACTEURS CHANTANTS.

PROCRIS,	Mlle. Levasseur.
L'AURORE,	Mlle. Beaumesnil.
CÉPHALE,	M. Le Gros.
FLORE,	Mlle. Mallet.
PALÈS,	Mlle. Châteauneuf.
LE SOUPÇON,	M. La Suze.
LA JALOUSIE,	Mlle. Duplant.
L'AMOUR,	Mlle. Champlain.
UNE NYMPHE,	Mlle. Le Bourgeois.

NYMPHES DE DIANE.

LES HEURES DU MATIN.

ZÉPHIRS, SILVAINS, DRIADES.

SUITE DE PALÈS.

SUITE DE LA JALOUSIE.

SUITE DE L'AMOUR.

PERSONNAGES

PERSONNAGES DANSANTS.

ACTE PREMIER.

NYMPHES DE *DIANE.*

Mlles. DORIVAL, ASSELIN, LEMAIRE.

Mlles. MICHELOT, MULLER, VICTOIRE, ESTHER.

Mlles. Duval, Belletour, Regnard, Thiſte,
Violette, le Blanc, Courtois, Baudouin, Dauvilliers,
Camille, Neuville, Couturier.

ACTE SECOND.

UNE *NYMPHE* DE LA SUITE DE *FLORE.*

Mlle. G U I M A R D.

S I L V A I N S & D R Ï A D E S.

M^{rs}. Simonet, Hennequin, l. , Rivet, Duchaisne.

Mlles. Thevenet, Saulnier, Jonveau, le Houx.

H E U R E S   D U   M A T I N.

Mlles. Michelot, Muller, Victoire, Esther.

Z É P H I R S.

M^{rs}. Leger , Abraham, Olivier, Barré.

S U I T E   D E   P A L È S.

M. M A R C A D E T.

Mlle. A L L A R D.   Mlle. P E S L I N.

M^{rs}. Dossion, Caster, Aubry, Guillet.

Mlles. Bigotini, Auguste, Dupin, Rosé.

ACTE TROISIÈME.

PREMIER DIVERTISSEMENT.

SUITE DE LA JALOUSIE.

M^{rs}. MARCADET ET FAVRE.

M^{rs}. LEDOUX, LE BRETON, BLANCHE, LAROPELLIERE.

M^{rs}. Hennequin, c., Liesse, Lebel, Laval, Ducel, Larue, le Roi, 2., Desbordes.

DEUXIÈME DIVERTISSEMENT.

SUITE DE L'AMOUR.

PLAISIRS ET JEUX.

M. VESTRIS.

Mlle. HEINEL.

FAUNES & DRÏADES.

M. GARDEL.

Mlles. DORIVAL ET CECILE.

M^{rs}. Simonet, Hennequin, l., Trupti, Henri,

Petit , Duchaîne , Giguet , Clergé , Caster , Daugni , Desplaces , Rivet.

Mlles. Rosé , Auguste , Bigotini , Dupin , Belletour , le Blanc , le Houx , Saulnier , Felmée , Regnard , Courtois , Thiste.

CÉPHALE
ET
PROCRIS.

ACTE PREMIER.

Le théâtre représente une forêt.

SCÉNE PREMIERE.

L'AURORE *seule, déguisée en Nymphe des bois.*

C'EST ici que le beau Céphale
S erepose au milieu du jour.
J'ai quitté, pour le voir, la rive orientale;
Et pour lui je descends du céleste séjour.

Écho de ce bois solitaire,
Soyez favorable au myftere ;
Gardez les secrèts de l'amour.

(*Les buiſſons fleuriſſent & les oiſeaux chantent.*)

Mais par un charme involontaire,
Ma préfence embellit tous les lieux d'alentour.

A I R.

Naiſſantes fleurs, ceſſez d'éclore.
Oiſeaux indifcrèts, taifez-vous.
Vous révélez aux dieux jaloux
L'afyle où fe cache l'Aurore.

Mais à ma voix loin d'obéir,
Tout s'emprèſſe à me rendre hommage.
Ces fleurs, ces parfums, ce ramage,
Tout femble vouloir me trahir.

Naiſſantes fleurs, ceſſez d'éclore.
Oiſeaux indifcrèts, taifez-vous.
Pour charmer l'amant que j'adore,
Gardez vos accents les plus doux.

J'entends du bruit. Mon cœur palpite.
C'eft lui. Je tremble. Amour! quel eft donc ton pouvoir?
Dans le trouble où je fuis, il faut que je l'évite.
Goûtons en liberté le plaifir de le voir.

(*Elle ſe cache.*)

SCÊNE II.
CÉPHALE, *seul.*
AIR.

DE mes beaux jours que le partage eſt doux !
Puiſſent les dieux n'en être point jaloux.
    Le plaiſir m'appelle à la chaſſe ;
    Le bonheur m'attend au retour.
    Loin de ſe nuire tour-à-tour,
    L'amour me donne plus d'audace,
    Et la chaſſe encor plus d'amour.

    Brillante Aurore, tu me vois
    Franchir les monts, courir les bois ;
    Et quand le jour brûle la plaine,
    Que l'ombrage a pour moi d'attraits !
    Le plus doux des vents, le plus frais,
    AURA, ſous ce feuillage épais,
    Vient me flatter de ſon haleine.

    Mais plus heureux, quand vient le ſoir,
    Oui, cent fois plus heureux encore,
        Quand vient le ſoir,
        Je vais revoir
        Ce que j'adore.

De mes beaux jours que le partage eſt doux !
Puiſſent les dieux n'en être point jaloux.

SCÈNE III.

L'AURORE, CÉPHALE.

L'AURORE.

Jeune chaſſeur, au fond des bois,
N'avez-vous pas vu mes compagnes ?

CÉPHALE.

Non, depuis que l'Aurore a doré les montagnes,
Je chaſſe, & je n'entends ni le cor, ni la voix.
Mais une Nymphe ſi belle,
Dans les bois s'expoſe-t-elle,
Sans javelot, ni carquois ?

L'AURORE.

Hélas ! ſi vous êtes ſenſible,
Mon malheur va vous affliger.

CÉPHALE.

Parlez. De l'adoucir que ne m'eſt-il poſſible !

L'AURORE.

Un Dieu, qui me pourſuit, me fait tout négliger.

CÉPHALE.

CÉPHALE.

Un Dieu ?

L'AURORE.

Le plus puissant, & le seul invincible.

CÉPHALE.

Jupiter ?

L'AURORE.

Jupiter obéit à ses loix.

CÉPHALE.

Ah ! c'est l'Amour.

L'AURORE.

Jugez du trouble où je me vois.

AIR.

Mon cœur, blessé d'un trait de flâme ,
Résiste & combat vainement.
Rien n'est si beau que mon amant ;
Rien n'est si tendre que mon âme.
Fait pour l'amour, jeune & charmant,
Rien n'est si beau que mon amant.

CÉPHALE.

Vous allez donc quitter Diane ?

L'AURORE.

Et le puis-je , sans l'offenser ?
L'exemple de Procris me défend d'y penser.

C

CÉPHALE.

De Procris !

L'AURORE.

La Déesse à périr la condamne.

CÉPHALE.

Que dites-vous ?

L'AURORE.

Telle est son inflexible loi ;
Et l'amant de Procris lui-même ,
Doit, en immolant ce qu'il aime ,
Venger la Déesse.

CÉPHALE.

Qui ? moi !

L'AURORE.

Vous, Céphale ? Ah ! fuyez un destin si funeste.

CÉPHALE.

C'est envain qu'il m'est annoncé.
Non, non, tous les Dieux, que j'atteste,
L'auroient vainement prononcé.

AIR.

Moi ! punir celle que j'adore !
La punir de m'avoir aimé !

Ah ! d'un amour que j'allumai,
Si Diane s'irrite encore,
A sa colere que j'implore,
Je livre ce cœur enflâmé.

D U O.

Venge-toi, Déèſſe implacable.
Je t'offenſai : je ſuis coupable.
Sans mon amour, hélas ! ſans moi,
Procris t'auroit gardé ſa foi.

L'AURORE, en Duo avec lui.

Non, non, tu n'ès pas le coupable.
Arrête, Déèſſe implacable !
Cruel, tu me glaces d'effroi.

Du bruit du cor j'entends réſonner les montagnes.
C'eſt dans ce lieu que mes compagnes
Viennent chercher l'ombre & le frais.
Crains de t'expôſer à leurs traits.

C É P H A L E.

Je n'ai donc plus d'eſpoir ?

L'AURORE.

Tu peux avoir encore
Le frere de Diane, Appollon pour appui.

CÉPHALE.

Le Dieu du jour !

L'AURORE.

Sa fille obtiendra tout de lui.
Hâte-toi de te rendre au palais de l'Aurore.

CÉPHALE.

Au palais de l'Aurore un mortel introduit !

L'AURORE.

Où ne pénetre pas le Dieu qui te conduit ?

AIR.

Ce Dieu lui fait verſer des larmes ;
Elle aime & languit ſous ſa loi,
Pour un mortel fait comme toi,
Senſible & tendre & plein de charmes.
Fait pour l'amour, fait comme toi,
Je crois le voir quand je te voi.

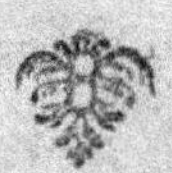

SCÈNE IV.

CÉPHALE, PROCRIS.

PROCRIS.

(à part.)

JE l'ai vue. O dieux ! quelle est belle !
Hé bien, Céphale, hé bien, de ton ardeur nouvelle,
Est-ce à tort que je m'alarmois ?

CÉPHALE.

Cèsse de m'accabler d'un injuste reproche.
Je t'aime, hélas, plus que jamais.

PROCRIS.

Volage époux, si tu m'aimois,
Te verrois-je interdit, tremblant à mon approche ?

CÉPHALE.

O ma chere Procris ! en violant tes vœux,
Qu'as-tu fait ?

PROCRIS.

Mon bonheur.

CÉPHALE.

Le malheur de tous deux.

PROCRIS.

Ah ! j'ai donc ceſſé de te plaire.

CÉPHALE.

Éloigne-toi. Crains la colère
Qu'à Diane inſpire nos feux.

PROCRIS.

Ne m'abandonne pas ; je crains peu tout le reſte.
J'ai ſauvé mon amant d'un déſeſpoir funeſte :
Mon cœur s'en applaudit, loin de ſe démentir.
Toute la puiſſance céleſte
Ne m'en feroit pas repentir.

CÉPHALE.

Hélas ! ſi tu ſavois !

PROCRIS.

Je ſais que je t'adore ;
Et la foudre en éclats ſeroit prête à partir,
D'avoir tout fait pour toi je ferois gloire encore.

CÉPHALE.

Et c'eſt moi !.. Non jamais, ni mon cœur ni ma main...
Que dis-je ? & du ſort inhumain

Quel mortel a jamais évité la poursuite ?
Ma seule espérance est la fuite :
Adieu.

P R O C R I S.

Cruel !

(*Elle veut l'embrasser.*)

C É P H A L E, *en la repoussant.*

Arrête ! arrête ! éloigne toi.

P R O C R I S.

Tu frémis dans mes bras ! je te glace d'effroi !

C É P H A L E.

Tremble toi-même.

P R O C R I S.

O ciel !

C É P H A L E.

Un crime inconcevable,
Dont jamais, non, jamais je ne serai coupable,
M'est prédit par les Dieux.

P R O C R I S.

Acheve.

CÉPHALE.

Ton époux
Doit de sa main venger Diane.

PROCRIS.

Toi !

CÉPHALE.

La cruelle m'y condamne :
Tu dois expirer sous mes coups.
Laisse-moi du sort qui m'accable
Éprouver seul toute l'horreur ;
Et redoute une main que Diane en fureur
A juré de rendre coupable.

Duo.

PROCRIS.

Donne-la moi, dans nos adieux,
Cette main, que je ne puis craindre.

CÉPHALE.

A l'immoler, c'est vous, grands Dieux,
C'est vous qui voulez me contraindre !

Qu'une

PROCRIS.

Ah ! de la lumière des cieux
Qu'un même inftant prive nos yeux ;
J'y confens, & meurs fans me plaindre.

ENSEMBLE.

D'un nœud fi beau, d'un fort fi doux
Les Dieux devoient être jaloux.

ALTERNATIVEMENT.

Ils n'aiment pas comme je t'aime.

Non , Céphale ,

Non, non, Procris,   } dans le ciel même,

On n'eft pas heureux comme nous.
Par quel fupplice ils l'empoifonnent
Ce bonheur, fi pur, fi parfait !
En nous aimant, qu'avons-nous fait,
Que fuivre un penchant qu'ils nous donnent ?

ENSEMBLE.

O Sort ! n'as-tu pas
Affez de victimes ?
D'écueils & d'abîmes
Tu femes nos pas.

D

Content de nos pleurs,
Quand tu nous opprimes,
Laîſſe-nous ſans crimes,
Subir nos malheurs.

(*Ils ſe ſéparent.*)

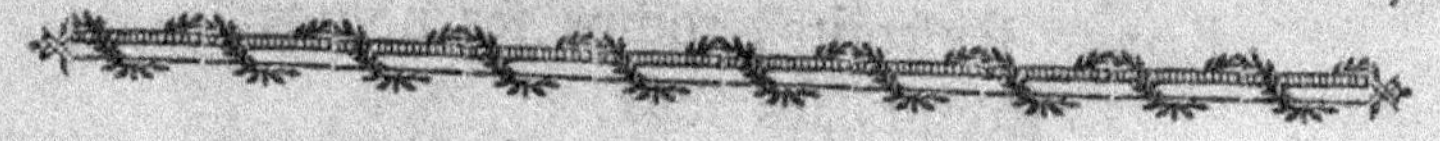

SCÊNE V.

LES NYMPHES DE DIANE.

LE CHŒUR, avec la danse.

RAssemblons-nous sous ce feuillage ;
Laissons passer l'ardeur du jour.
Le beau séjour !
Le bel ombrage !
Est-ce l'asyle de l'amour ?
Non, non : le trouble suit l'Amour ;
L'Amour se plaît dans le ravage ;
La paix habite ce séjour.

UNE *NYMPHE* & LE *CHŒUR.*

Fière indiférence,
Sois l'appui de l'innocence.
Fière indiférence,
Défends nos cœurs.
L'Amour envain soûpire ;
Résiste à son empire.
A ses attraits vainqueurs
Oppôse tes rigueurs.

Romps ſes traits, romps ſes nœuds,
Éteints ſes feux.
Sourire & larmes,
Tout, dans ſes charmes,
Eſt dangereux.

Fière indiférence, &c.

(*Le Ballet termine l'Acte.*)

FIN DU PREMIER ACTE.

ACTE SECOND.

Le théâtre est d'abord rempli de nuages légers,
qui se dissipent, & laissent voir l'AURORE dans
son palais, environnée de sa cour, & couchée
sur un lit de roses.

SCÊNE PREMIÈRE.

L'AURORE *endormie*, FLORE, PALÈS,
*& la cour de l'*AURORE.

FLORE, PALÈS & LE CHŒUR.

Éveillez-vous, charmante Aurore,
Montez sur le trône des airs :
Déjà la surface des mers
Blanchit, s'éclaire & se colore.
Éveillez-vous, &c.

L'AURORE, en s'éveillant.

Céphale ! .. Il ne vient point encore.

FLORE & PALÈS.

Bientôt le jour est près d'éclore.

LE *CHŒUR.*

Fille du jour, charmante Aurore,
Hâtez-vous d'éclairer les airs.

*L'AURORE se leve, & s'avance sur le vestibule
de son palais.*

FLORE.

Vous soûpirez. Quelle tristesse
Obscurcit l'éclat de vos traits ?
Vos yeux sont errants & distraits.

PALÈS.

Est-ce avec nous, belle Déesse,
Que vous dissimulez vos déplaisirs secrèts ?

L'AURORE.

Vous savez, pour Tithon, quelle fut ma tendresse.

FLORE.

La douce langueur qui vous presse,
Annonce des desirs, & non pas des regrets.

L'AURORE.

Hé bien, d'une ardeur sans égale,
Il est vrai, mon cœur est épris.

FLORE.

Vous aimez ?

L'AURORE.

J'adore Céphale ;
Et Céphale adore Procris.

AIR.

Que je fuis à plaindre !
Hélas ! j'ai beau feindre :
Les hommes , les dieux ,
Tout lit dans mes yeux.
Je baigne de larmes
Mon char radieux ;
Et de mes alarmes
Je remplis les cieux.

Plaifirs vous naiffez ,
Et me délaiffez ,
Moi , qui vous fais naître !
Je fais les beaux jours ;
Et fans les connoître ,
Je languis toûjours.

Que je fuis à plaindre , *&c.*

Dans le trouble affreux qui le preffe ,
Céphale va venir implorer mon appui.

Embellissez ma cour ; secondez ma tendresse ;
Et qu'ici, par vos soins, tout soit digne de lui.

T R I O.

L'AURORE, FLORE & PALÈS.

Dieux du printems, Dieux des bergers,
Jeunes Silvains, Faunes légers,
Belles Nayades,
Jeunes Drïades,
Quittez les bois & les vergers.

FLORE & PALES.

Enfants de la saison nouvelle,
Plaisirs naissants,
Zéphirs caressants,
Venez, l'Aurore vous appelle.
Dieux du Printems, Dieux des bergers,
Suivez la cour de l'immortelle ;
Vous n'y serez pas étrangers.

SCENE

SCÈNE II.

L'AURORE, FLORE, PALÈS,

DIVINITÉS *formant la Cour de* PALÈS *& de* FLORE.

LE *CHŒUR.*

Volons en foule au-devant d'elle ;
Quittons nos bois & nos vergers.
Suivons la cour de l'immortelle ;
Nous n'y serons pas étrangers.

L'AURORE.

Vous qui d'un vol léger, vous qui d'un front serein,
Devancez le char de l'Aurore,
Heures brillantes du matin,
Tracez à l'amant qu'elle adore
Le cours du plus heureux destin.

(*Les Heures se mêlent avec les Dieux, suivants de* FLORE *& de* PALÈS. *A l'arrivée de* CÉPHALE, *l'*AURORE *se retire, avec toute sa Cour, dans l'intérieur de son palais, dont les portes se ferment.* FLORE *seule reste sur le vestibule.*)

E

SCÊNE III.

CÉPHALE, FLORE.

FLORE.

Mortel, qui vous amene en ce brillant séjour?

CÉPHALE.

J'y viens offrir des vœux à la fille du jour.
Vous qu'elle aime, à mes vœux rendez-la favorable.

FLORE.

Si vous demandez un appui,
Il est un mortel adorable,
Qui fera plus, lui seul, que tous les Dieux, sans lui.

CÉPHALE.

Et quel est-ce mortel?

FLORE.

             Ce n'est plus un mystère.
L'Amour s'en est vanté dans l'Olimpe, à Cythère.
L'Aurore est sous ses loix; elle a donné son cœur;
Et, pour le couronner, elle attend son vainqueur.

CÉPHALE.

Ah ! s'il étoit sensible à ma douleur mortelle !..
Oui, je veux l'attendre & le voir.

FLORE.

Adieu. Dites-lui qu'auprès d'elle
L'Amour lui remet son pouvoir..

SCÊNE IV.

CÉPHALE, seul.

A I R.

PArois, mortel amoureux.
Hélas ! seroit-il possible
Qu'il ne fût pas généreux ?
L'Amour l'aura fait sensible,
Avant de le rendre heureux.

Parois, mortel amoureux :
L'Amour t'aura fait sensible,
Avant de te rendre heureux.

Aux délices de ta cour,
Belle Aurore, tout conspire.

E ij

O Dieux! quel est votre empire,
Quand vous régnez par l'Amour!

Parois, mortel, *&c.*

SCÊNE V.

CÉPHALE, PALÈS, *la cour de* L'AURORE.

(*La cour de* L'AURORE *environne* CÉPHALE, &
s'emprèsse à lui plaire.)

LE *CHŒUR.*

Rival des dieux,
Rival digne d'envie,
Vois coûler dans ces lieux
Tes jours délicieux ;
Goûte à longs traits tous les biens de la vie,
Et des plaisirs inconnus dans les cieux.

(*On danse.*)

CÉPHALE, *au milieu du Ballet.*

Est-ce une erreur ? Je crois à peine
Ce que j'entends, ce que je voi.
Non, dieux charmants, ce n'est pas moi
Que sous vos loix l'Amour amene.

(*On danse.*)

SCÈNE VI.

(Le palais s'ouvre, l'Aurore y paroît sur son trône, environnée de sa Cour.)

CÉPHALE, l'AURORE, FLORE, PALÈS,
la Cour de l'Aurore.

CÉPHALE.

Déèsse des beaux jours,
Vous que la terre adore,
Et qu'elle croit toûjours
Revoir plus belle encore;
C'est à vous, tendre Aurore,
Que Céphale a recours.
Je viens, au nom d'un Dieu
Qui vous suit en tout lieu,
Vous prier de m'entendre.
Des mortels amoureux,
Vous voyez le plus tendre,
Et le plus malheureux.
C'est par vous, tendre Aurore,
Que Céphale ose encore

Eſpérer d'être heureux:
Rendez-vous à ſes vœux.

L'AURORE, à ſa ſuite.

Aux barrières du jour, Heures, allez m'attendre.

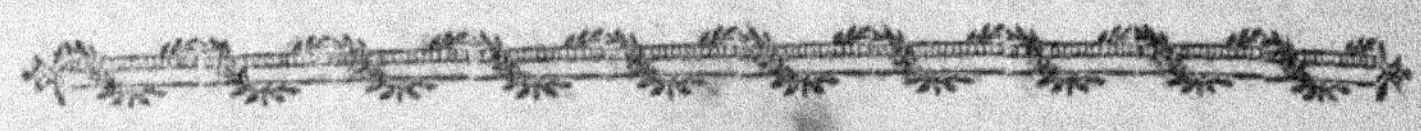

SCÈNE VII.

L'AURORE, CÉPHALE,

L'AURORE.

MAis dans les airs quel bruit ſe fait entendre?
Mon palais en eſt ébranlé.
La nuit vers l'orient ſemble avoir reculé.

CÉPHALE, épouvanté.

C'eſt le ciel irrité qui gronde ſur ma tête.

L'AURORE.

Je veille ſur vos jours. Ne ſoyez point troublé.

SCENE VIII.

LA JALOUSIE, CÉPHALE, L'AURORE.

LA JALOUSIE, sur un nuage.

Tremble, Céphale.

CÉPHALE.

O dieux !

L'AURORE.

Fille d'enfer, arrête !
Oses tu pénétrer jusques dans mon palais ?

LA JALOUSIE.

Je poursuis un profane,
Que m'a livré Diane ;
Et pour lui de l'amour j'empoisonne les traits.

L'AURORE.

Je protege Céphale.

LA JALOUSIE.

Imprudente déèsse,
Tu ne sais pas ce que tu fais.

Abandonne un ingrat, rougis de ta foibleſſe,
Et renonce à lui pour jamais.

L'AURORE.

Je te le dis encor : je protege Céphale.

LA JALOUSIE.

Veus-tu de ſes mépris eſſuyer la froideur?
Veus-tu le rendre à ta rivale?

L'AURORE.

(*à part.*)

Je veux... (de quelle atteinte elle a frappé mon cœur?)
Je veux le dérober à ta rage infernale,
Et du ſort qui l'accable adoucir la rigueur.

LA JALOUSIE.

TRIO.

Pour la gloire de tes charmes,
Fuis l'amour, crains ſes appas.
Tes yeux ne ſont-ils pas las
De ſe baigner dans les larmes?
Pour la gloire de tes charmes,
Fuis l'amour, crains ſes appas.

L'AURORE.

L'AURORE.

Il a pour moi trop de charmes.
Moi le fuir ? le puis-je, hélas ?

CÉPHALE, A L'AURORE.

Par pitié de mes allarmes,
Par pitié ! ne cédez pas.

(*La jalousie s'éloigne.*)

SCÊNE IX.

L'AURORE ET CÉPHALE,

CÉPHALE,

AImable Aurore, est-il possible
Qu'auprès de vous un malheureux
Trouve un appui si généreux,
Contre une Déésse inflexible ?

L'AURORE.

Pour fléchir les Dieux ennemis,
L'Aurore, à tes malheurs sensible,
Fera plus qu'elle n'a promis.

F

A I R.

Ne vois-tu pas ce qui m'engage
A plaindre & soulager tes maux ?
J'ai pour confidents ces oiseaux ;
Céphale, écoute leur ramage.
Dès que je parois dans les cieux,
Toute la Nature à tes yeux
Doit parler le même langage.

CÉPHALE.

Un mortel !

L'AURORE.

Un mortel, jeune, aimable & sensible,
Se fait adorer en tout lieu.
Aux charmes de Tithon rien ne fut impossible ;
Et Tithon n'étoit pas un Dieu.
Mais les Dieux, tu le sais, sont jaloux de leur gloire.
Il faut briser des nœuds que Diane a proscrits ;
Il faut, pour l'appaiser, ne plus revoir Procris.

CÉPHALE.

Ne plus la voir !

L'AURORE.

C'est la victoire
Dont je te réserve le prix.
Vois ce palais brillant : il sera ton asyle.

CÉPHALE.

Ah ! belle Aurore, ce séjour
Doit être riant & tranquille.

L'AURORE.

Le seroit-il sans toi ?

CÉPHALE.

D'une plainte inutile
Je le remplirois nuit & jour.

L'AURORE.

Tu veux me fuir !

CÉPHALE.

Je veux, ou revoir ce que j'aime,
Ou dans le fond des bois, aller, seul à moi-même,
Mourir de douleur & d'amour.

L'AURORE.

DUO.

Si tu revois ta complice,
Pense au danger que tu cours.

CÉPHALE.

Vivre loin d'elle est un supplice :
La mort sera mon recours.

L'AURORE.

Diane est inexorable.

CÉPHALE.

Le juste ciel, qui m'entend,
Me sera plus favorable.

L'AURORE.

Diane est inexorable,
Et ton malheur est constant.

CÉPHALE.

Je me rendrai favorable
Le juste ciel qui m'entend.

L'AURORE.

Il en est tems encore ;
Ah ! préviens tes malheurs.

CÉPHALE.

Rendez-moi, belle Aurore,
A l'objet de mes pleurs.

L'AURORE.

Tu cours au bord d'un abîme.

CÉPHALE.

Ah! c'est le crime du sort.

L'AURORE.

Si Procris meurt, c'est ton crime.

CÉPHALE.

La trahir seroit mon crime;
Mais si le Ciel veut sa mort,
Est-ce à moi qu'en est le crime?
Non, c'est le crime du Sort.

SCÈNE X.

L'AURORE, CÉPHALE, FLORE ET PALÈS.

LES HEURES, au fond du théâtre.

QUATUOR.

L'AURORE.

Il me fuit; rien ne l'étonne.

FLORE ET PALÈS.

Ah, Céphale !

L'AURORE.

Il m'abandonne ;
Il veut courir au trépas.

FLORE & PALÈS.

Tu veux courir au trépas !

CÉPHALE.

Procris aux pleurs s'abandonne ;
Je veux voler dans ſes bras.

FLORE & PALÈS.

Cede aux Plaiſirs pleins d'appas,
Dont la foule t'environne.

CÉPHALE.

Procris aux pleurs s'abandonne ;
Je veux voler dans fes bras.

FLORE & PALÈS.

Le cruel vous abandonne !
Il veut courir au trépas !

L'AURORE.

Le cruel ! il m'abandonne ;
Il veut courir au trépas.

L'AURORE, FLORE & PALÈS.

Dans le fein de ton amante...

CÉPHALE.

Je frémis. N'achevez pas.

L'AURORE, FLORE & PALÈS.

De fon fang ta main fumante...

CÉPHALE.

Arrêtez ! N'ajoûtes pas
A l'horreur qui me tourmente.

L'AURORE, FLORE, PALÈS.

Dans le fein de ton amante,
Tu vas porter le trépas.

CÉPHALE.

Dans le sein de mon amante,
Qui? moi! porter le trépas!

FLORE & PALÈS.

Le cruel vous abandonne ;
Il veut courir au trépas.

L'AURORE.

Le cruel ! il m'abandonne ;
Il veut courir au trépas.

CÉPHALE.

Laissez-moi. Rien ne m'étonne.
Rien n'arrête ici mes pas.

(L'AURORE *monte sur son char, & accompagnée
des Heures du matin, que portent de legers nuages, elle s'éleve dans les airs.*)

FIN DU SECOND ACTE.

ACTE

ACTE TROISIEME.

Le Théâtre repréſente un lieu aride, âpre &
déſert, au milieu d'un bois.

SCÊNE PREMIÉRE.

LA JALOUSIE & ſa ſuite.

LA JALOUSIE.

RÉCITATIF obligé.

FILLE cruelle de l'Amour,
Je haïs le dieu qui m'a fait naître.
L'inſenſé m'a donné le jour,
Et ne veut pas me reconnoître;
Je le méconnois à mon tour.
Noir Soupçon, que ce dieu condamne,
Des cœurs jaloux, triſte vautour,
Vengeons la gloire de Diane:
Diane déteſte l'Amour.　　　　　G

LE *SOUPÇON* & LE *CHŒUR.*

Vengeons la gloire de Diane :
Diane détefte l'Amour.

LA *JALOUSIE.*

De fes autels & de fa Cour,
Il eft chaffé comme un profane.

LE *CHŒUR.*

Vengeons la gloire de Diane :
Diane détefte l'Amour.

LA *JALOUSIE.*

Fille cruelle de l'Amour...

LE *CHŒUR.*

Malheur au dieu qui t'a fait naître.

LA *JALOUSIE.*

L'infenfé, &c.

LE *CHŒUR.*

Vengeons, &c.

(On danfe.)

LA *JALOUSIE.*

Plein de douleur & d'épouvante,
Céphale eft errant dans ces bois.

Procris y viendra gémiſſante ;
Déguiſons mes traits & ma voix.

(Au milieu du Ballet, la JALOUSIE paroît tout-
à-coup transformée en Nymphe, ſous le même
déguiſement que l'AURORE, dans le premier
acte. La troupe infernale prévoit l'effet de ce dé-
guiſement & s'en réjouit. La JALOUSIE & ſa
ſuite ſe retirent à l'arrivée de PROCRIS.)

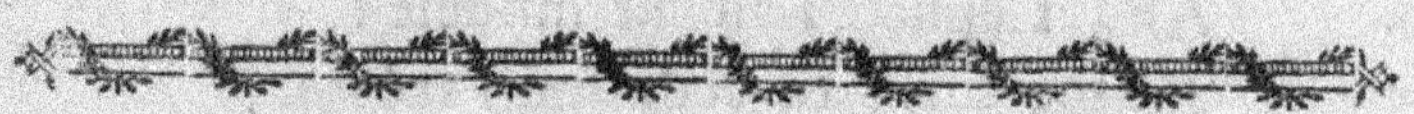

SCENE II.
PROCRIS, *ſeule.*
AIR.

Témoin de ma naiſſante flâme,
De l'Amour aſyle charmant,
Temple, où je reçus le ſerment
Qui combloit les vœux de mon âme,
Rendez, rendez-moi mon amant.
Sans lui, dans mon inquiétude,
Je ne puis plus vivre un moment.
D'une éternelle ſolitude,
Aurois-je à ſubir le tourment ?

Témoin de ma naiſſante flâme,
De l'Amour aſyle charmant,

Temple , où je reçus le serment
Qui combloit les vœux de mon âme ,
Rendez , rendez-moi mon amant.

Il m'abandonne à ma douleur mortelle.
La nuit vient ; je l'attends. Le jour luit ; je l'appelle.
Je l'appelle ; il ne m'entends pas.

LA JALOUSIE , sans paroître.

Ah , Céphale ! amant infidele !
Tu me fuis : tu veux mon trépas.

PROCRIS.

Céphale ! c'est lui qu'on appelle !

LA JALOUSIE.

Ah , Céphale ! amant infidele !
Tu me fuis : tu veux mon trépas.

SCÈNE III.
PROCRIS, LA JALOUSIE.

PROCRIS.

Nymphe, quelle douleur vous prèsse?
Vous appellez Céphale, & vous versez des pleurs!

LA JALOUSIE.

Laissez-moi me cacher. Ma crédule tendresse
Cause ma honte & mes malheurs.

AIR.

Ah ! j'ai bien mérité l'injure
Que je reçois de ses mépris.
De la belle & tendre Procris,
J'ai couronné l'amant parjure.
Ah ! j'ai bien mérité l'injure
Que je reçois de ses mépris.

PROCRIS, à part.

DUO.

Ah ! je succombe, j'expire.
Quelle gêne ! quel martyre !
Amant trompeur !

LA *JALOUSIE*, *à part.*

Elle succombe, elle expire.
Je lui déchire le cœur.

Suite de l'Air.

C'est ici, sous ce même ombrage,
Qu'il soûpiroit à mes genoux.
AURA, disoit-il, c'est à vous
Que les oiseaux, dans leur ramage,
Adressent des accents si doux.

P R O C R I S, *à part.*

AURA ! c'est le nom qu'il répete :
C'est de ce nom fatal que j'étois inquiéte.

LA *JALOUSIE.*

AURA, n'ayons, loin des jaloux,
Pour témoins du nœud qui m'engage,
Que ces oiseaux, l'Amour & nous.

P R O C R I S, *à part.*

Ah ! je succombe, j'expire.
Quelle gêne ! quel martyre !
Amant trompeur !

LA *JALOUSIE*, *à part.*
Elle succombe, elle expire.
Je lui déchire le cœur.

PROCRIS.

Et savez-vous qu'elle est sa nouvelle conquête ?

LA *JALOUSIE.*

Au palais de l'Aurore, hier il se rendit ;
Et de leur amour, m'a-t-on dit ,
Tous les dieux du printems ont célébré la fête.
Le volage, en quittant ces lieux ,
Voulut d'un promt retour me donner l'assûrance ;
Mais, trop certaine, hélas ! de son indifférence ,
Je m'enfuis , sans daigner recevoir ses adieux.

PROCRIS, à part.

J'en fus témoin.

LA *JALOUSIE.*

Je crois l'entendre.
Est-ce bien lui ? Vient-il insulter à mes pleurs ?
Ne m'abandonnez pas ; daignez ici m'attendre ,
O vous , qu'un intérêt si tendre ,
Semble attacher à mes malheurs.

(Elle l'embrasse , & se retire.)

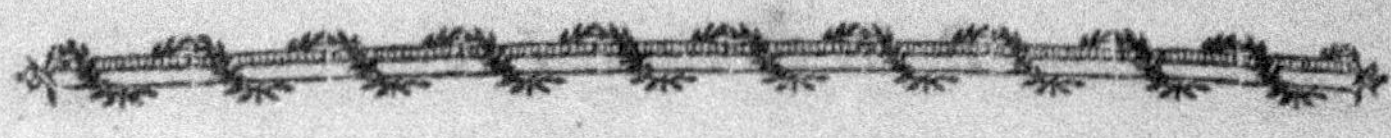

SCENE IV.

PROCRIS, seule.

RÉCITATIF OBLIGÉ.

PLus d'erreur: plus d'espoir qui console mon âme.
Céphale est un perfide, & je n'en puis douter.
Mon cœur me l'avoit dit; je n'ôsois l'écouter.

Comme il s'est joué de ma flâme !

Quels adieux ! quel déguisement !

Il suppôse à Diane un noir ressentiment ;
Il frémit dans mes bras du danger qui me prèsse ;
Il verse dans mon sein des larmes de tendresse.

De tendresse !... o Dieux ! qu'aisément

On en croit les pleurs d'un amant !

Oui, cruel, oui, c'est toi qui venges la Déésse :

Ton parjure est mon châtiment.

AIR.

Ah ! dans les bras de ma rivale,
Lorsque son cœur pressoit mon sein...
Jamais douleur ne fut égale.
C'est comme un fer assassin
Qu'elle a plongé dans mon sein.

SCÊNE

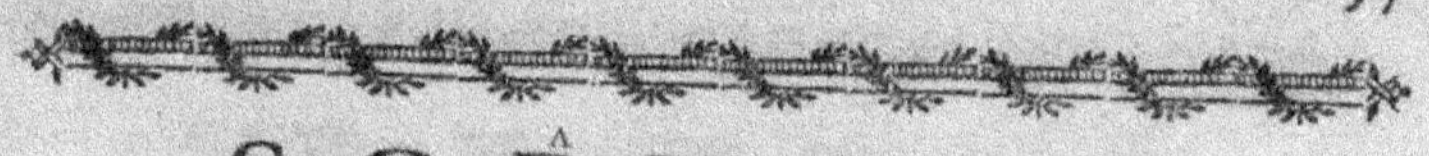

SCÊNE V.

LA JALOUSIE, PROCRIS.

LA *JALOUSIE.*

C'Est lui-même. Venez : nous allons le surprendre.
    Laîssons éclater son ardeur.
Ce bois nous favorise ; & vous allez apprendre
    A connoître un perfide cœur.

(à part.)

    Diane ! au courroux qui t'anime ,
    Elle ne peut plus échapper.
    J'expôse à tes coups la victime ;
    Arme la main qui doit frapper.

H

SCÊNE VI.

CÉPHALE, *seul*.

N'Ai-je pas entendu sa voix ?
Je suis troublé jusqu'au délire.
Viens, AURA, viens, que je respire.
Tu m'as ranimé tant de fois !
Viens. Qu'un doux repos me soulage.
Mais, qui fait trembler ce feuillage ?
Et qu'ai-je entendu dans ces bois ?

A I R.

Tout m'épouvante, tout m'allarme ;
Contre moi tout s'arme à la fois.
Repos, si tranquille autrefois,
Non, tu n'as plus pour moi de charme.
Tout m'épouvante, tout m'allarme ;
Contre moi tout s'arme à la fois.
Malheur aux habitans des bois :
J'exercerai sur eux ma rage.
Il me reste encor mon courage,
Mes javelots & mon carquois.

Où fuir, hélas ? Sur quel rivage ?
Et dans quel antre assez sauvage ?

(*Il tombe dans l'égarement.*)

Monſtres affreux, éloignez-vous:
Vous allez tomber ſous mes coups.

(*Il lance ſon javelot.*)

PROCRIS, *avant de paroître.*

Ah, Céphale! je meurs.

CÉPHALE.

C'eſt Procris.

H ij

SCÈNE VII.

LES DÉMONS, CÉPHALE, PROCRIS,
LES *DÉMONS l'environnant.*

AH, barbare!

CÉPHALE.

O Dieux! l'enfer de moi s'empare.
Ah! laissez-moi. Dieux! quels tourments!
Le sort qui m'opprime,
Fait seul tout mon crime:
Ne séparez pas deux amants.

LES DÉMONS.

Amant perfide, époux barbare!
Allons, suis-nous dans le tartare!
Époux barbare!

CÉPHALE.

Procris! elle expire à mes yeux.

LES DÉMONS.

C'est ton forfait.

CÉPHALE.

Les dieux l'ont fait.

LES DÉMONS.

C'eſt ta fureur.

CÉPHALE.

C'eſt mon erreur.

LES DÉMONS.

Viens, perfide amant,
Viens dans le tartare :
Viens, on t'y prépare
Un plus cruel tourment.
Amant perfide, époux barbare !

CÉPHALE.

Qui ? moi, perfide ! moi, barbare !
Non, non, n'accuſez que les dieux.

LES DÉMONS, *lui montrant* PROCRIS *expirante
dans les bras des furies.*

Regarde ! voilà ton ouvrage.

CÉPHALE.

O ciel ! voilà donc mon ouvrage !

(*Il veut l'embraſſer ; les Démons l'arrêtent*).

Laiſſez-moi, cruels ! quelle rage ?
Procris ! elle expire à mes yeux !

O vengeance implacable !
Et c'est moi qu'elle accable !
Ah ! pour un vrai coupable,
Que feriez-vous, grands Dieux !

LES DÉMONS.

Subis, amant coupable,
Le malheur qui t'accable.
C'est un arrêt des Dieux.

(Une symphonie céleste se fait entendre; les Démons épouvantés disparoissent. Le théâtre change & représente le palais de l'Amour. Procris vient tomber dans les bras de Céphale, & se ranime insensiblement.)

SCÊNE DERNIERE.

CÉPHALE, PROCRIS, L'AMOUR,
& sa suite.

L'AMOUR.

BElle Procris, revois le jour ;
Sois un exemple mémorable
De la puissance de l'Amour.

PROCRIS, à CÉPHALE.

Je te revois !

CÉPHALE, à PROCRIS.

Tu vois le jour !

ENSEMBLE.

Dieu puissant ! Prodige adorable !
C'est le triomphe de l'Amour.

LE CHŒUR, *avec eux.*

C'est le triomphe de l'Amour.

(On danse.)

CÉPHALE.

(à L'AMOUR) Plus d'ennemis dans ton empire.
Pour ta gloire quel heureux jour !

C'eſt pour aimer que tout reſpire ;
Tout s'enflame aux traits de l'amour.

(*à L'AURORE*) Fille du Dieu qui nous éclaire,
Ne voyez pas d'un œil jaloux
Les nœuds de deux tendres époux.
A tous les yeux vous ſavez plaire ;
Mille cœurs s'enflament pour vous.

(*à L'AMOUR.*) Plus d'ennemis dans ton empire.
Pour ta gloire, quel heureux jour !
C'eſt pour **aimer** que tout reſpire ;
Tout s'enflâme aux traits de l'amour.
Plus d'ennemis dans ton empire.

Que Diane cede à ſon tour,
Et qu'à ſon tour elle ſoûpire
Dans les chaînes de l'amour.

(*On danſe.*)

FIN

APPROBATION.

J'Ai lu, par ordre de Monſeigneur le Garde des Sceaux, *CÉPHALE* & *PROCRIS*, & je n'ai rien trouvé qui m'ait paru en empêcher l'impreſſion.

A Paris, ce 19 Mars 1777.

CREBILLON.